# 너에게로
## 가기
### 위하여

김성기 시집

# 너에게로 가기 위하여

한강

## 시인의 말

첫 시집이다
어쭙잖게 흉내만 낸 것 같아 많이 부끄럽다
어렵고 힘든 사람들의 이야기를 들려주고 싶었다
내 시를 읽고 단 한 사람이라도 마음이 따뜻해졌다면
그것으로 흡족하다
읽고 나서 불쏘시개가 되었다 하더라도….

석양빛에 등줄기가 유난히
붉은 섬진강 가에서
2025년 4월
김성기

김성기 시집                    너에게로 가기 위하여

□ 시인의 말

## 제1부 마지막 술잔을 비우고

그의 휴대폰이 꺼져 있었다 —— 13
마지막 술잔을 비우고 —— 15
12월의 빈 들에 서서 —— 17
별처럼 반짝이더라 —— 18
목구멍에 가시로 걸린 그 말 —— 20
동백나무잎 —— 21
마음의 실이 툭 끊어졌다 —— 22
송화 —— 24
잡초 —— 25
마지막 포옹 —— 27
청양고추 —— 28
시작詩作 —— 30

## 제2부 흔들릴 때마다

흔들릴 때마다 —— 33
호박씨 세 개 —— 35
단풍 —— 36

너에게로 가기 위하여  김성기 시집

37 ── 청산도
38 ── 낙엽
40 ── 아버지보다 더 아프다
41 ── 냉수 한 컵 마시듯
42 ── 너에게로 가는 길
43 ── 눈치
44 ── 달콤한 유혹
45 ── 지금은 어둠의 계절
46 ── 사진 한 장
47 ── 석류, 빨간 웃음
48 ── 첫눈
49 ── 홀로 가는 길

## 제3부 하루살이

53 ── 하루살이
55 ── 달팽이처럼
56 ── 로또 복권
57 ── 반딧불이
58 ── 비 오는 날
59 ── 안부
60 ── 몽당빗자루

김성기 시집  너에게로 가기 위하여
**차 례**

개망초 —— 61
낡은 신발 —— 62
그 길 —— 64
틈 —— 65
지리산정원의 아침 —— 66
촛불을 켤 시간 —— 68
해묵은 담벼락에 이끼는 끼고 —— 69
인테리어 부채 —— 70

### 제4부 상선암 느티나무

상선암 느티나무 —— 73
아슬아슬했다 —— 74
나는 꽃이 되었다 —— 75
내 생애 한 번 더 —— 76
너를 보내며 —— 78
달맞이꽃 —— 80
매듭 —— 81
부끄러운 기억 —— 83
빈자리 —— 85
사랑은 얼마나 가벼운가 —— 86
속죄 —— 87

너에게로 가기 위하여 　　　　　　　　김성기 시집

88 ──── 쏘가리 매운탕
89 ──── 엄처시하
91 ──── 자귀나무

## 제5부 어느 요양보호사의 일기

95 ──── 어느 요양보호사의 일기
96 ──── 귀 떨어진 바늘
97 ──── 까치집
98 ──── 늙지 않는 걱정
99 ──── 시골 우리 집
101 ──── 방에 달력을 걸어 두지 않으리라
102 ──── 동창회
103 ──── 어느 봄날의 풍경
105 ──── 모두가 봄이다
106 ──── 깨진 꽃병

□ 발문_정석희
□ 해설_기청

# 마지막 술잔을 비우고

제1부

# 그의 휴대폰이 꺼져 있었다


며칠 전부터
그의 휴대폰이 꺼져 있었다

반지하 그의 쪽방 문 열고 들어가니
멈칫거리는 햇빛 발치에
헤엄도 칠 줄 모른다는 그가
수족관의 넙치처럼
방바닥에 엎드려 있다

마지막 가는 길마저
허리 한 번 펴 보지 못하고 갔구나
애타게 불렀을 그리움들
이름 대신 흘러나온 토사물에는
파리들만 조문객으로 앉아 있다

벽에 걸린 가족들은
한때 그들의 밥줄을
내려다보며 웃고 있을 뿐

그의 빛바랜 붉은 셔츠 같은 석양이
옷을 벗고 잠자리에 들 무렵
앓던 이 하나 뽑혀 나간다

# 마지막 술잔을 비우고

한 달 전 생명보험에 가입했다

손님이 없어 대출이 수입인 가게
오늘은 일찍 문을 닫고
암울한 소주잔에 나를 맡긴다
깨진 항아리 조각 같은 가난한 생각들

기댈 곳도, 붙잡고 오를 것도 없어
바닥을 기는 등나무가 되어 버린
아들놈 축 처진 어깨가
가을비에 젖은 낙엽처럼 슬프다

호랑이 아가리 같은 대출 갚고
아들놈 기댈 지주목이라도 세워 주자며
벽지도 마르지 않은 17평 아파트 팔자는
스웨터 소매가 닳아 해진 아내
생양파 까듯 눈물이 맵다

중절모가 멋진 시인의 꿈은

뜬구름으로 흘려보낸 지 오래다
헌 운동화 같은 가장의
갈 길을 재촉하는 빈 소주병

생애 마지막 술잔을 비우고 일어선다

# 12월의 빈 들에 서서

별 밝은 밤
바람이 운다

슬픔을
빈 나뭇가지마다 걸어 두고
별빛에 말린다

때론
까닭도 없이 끓어오르는
만져지지 않는 어떤 슬픔
목 놓아 울 곳도 없을 때

지워지지 않는 슬픔 꺼내
서걱이는 풀잎에 걸어 두면
바람처럼 가벼워질 수 있을거나

별 밝은 밤
타고 남은 싸늘한 재 같은
12월의 빈 들에 서서
별빛에 슬픔을 말린다

# 별처럼 반짝이더라

소변 금지 담벼락 밑에 깨진 소주병
누군가
깨진 세상을 보고 싶었을까
아니면
소주병처럼 깨지고 싶었을까

서러운 12월은
지난 아픔들
떼를 지어 먹장구름으로 몰려오고
소주 한 잔 나누어 마실
그리운 얼굴들 보이지 않지만

어둡던 기억 더듬어 보면
보도블록 끌어안고
민들레꽃 피기도 했고
그리움 제 몸 태워
먼 길 밝히기도 했더라

이리저리 치이고

여기저기 부딪치다 보니
둥글둥글해지더라

깨진 소주병도
별처럼 반짝이더라

# 목구멍에 가시로 걸린 그 말

어릴 적 엄마 손잡고
왕성식당 짜장 먹으러 가듯
어머니, 내 손잡고 요양원 간다

세월이 거꾸로 흘러
세 살로 돌아간 천덕꾸러기

아무것도 모르고 그저
아들 따라온 곳
그러나 함께 살 수 없는 곳
마지막 숨이 멈출 곳

어머니를 바통처럼
요양보호사에게 넘겨주고
소장수에게 팔려 가는
소의 그렁그렁한 눈빛으로
뒤돌아보는 어머니에게
어머니 자주… (올게요), 그 말
목구멍에 가시 걸린 듯 다하지 못했다

# 동백나무잎

뺀질뺀질
낯짝도 두껍다

초등학교 때였던가
손 뒤로 감추고 넉살 좋게 웃는
경태란 놈 생각난다

경태 집 아궁이는
사나흘 불맛을 못 볼 때가 많았지

꼬막손 불끈 쥐고
서울로 돈 벌러 간다던 경태
중국집을 하다 넘어져
미안하다는 유서만 남겼단다

못난 놈
동백나무잎 같은
두껍던 낯짝은 어디다 두고…

# 마음의 실이 툭 끊어졌다


그는, 깎아지른 절벽
한 줌 흙에 뿌리를 내렸다

가물거리는 촛불을 감싸 쥐고
어둠을 밀어내려고 안간힘을 썼지만
멈출 줄 모르는 태풍은
그에게 항복이라도 받겠다는 듯
전쟁처럼 밀어붙였다
숨 쉴 틈도 없이

그날도 비바람이 몹시 불었다
결국 마음의 실이
더 이상 버티지 못하고 툭 끊어졌다

쇠사슬이 되어 발목을 묶던 두 아들
하늘에 별이 되라고 먼저 보냈다
그리고, 사람으로 살지 못한
40년의 기억을 지우며
붉덩물이 포근한 섬진강 물속으로

천천히 걸어 들어갔다

무너지는 것은
내일이 없기 때문이다

## 송화松花

날개가 없어서
바람에 기대어 날아야 하는
송화松花

호수 언저리
수만 년의 간절함이
주검으로 누워 출렁인다
노오란 눈물이 출렁인다

무심한 바람은 알까?
이 땅에 초록으로 살아남기 위해
무릎 시린 골짜기 봄눈 같은
송화松花의 소리 없는 울음을

해마다 5월이면
하늘을 날아야 하는 숙명

송화松花는 날개가 없다

# 잡초

몸뻬 바지 씰룩씰룩
시들어 가는 잡초들
서시천 둑길 화단에서
잡초 매고 있다

술 먹고 수캐가 되어
싸돌아다니다 잠든 서방님 양말 벗기듯
개망초 민들레 쇠뜨기 잡아 뜯는다

농자금 상환날은 코앞인데
돈 좀 만질까 했던 마늘 농사
잎마름병이 챙겨 가버리고
섬진강 지킴이도 힘센 놈한테 밀려
어칠비칠 지천명을 기다리는 아들놈

가슴에 풀뿌리로 엉클어진 울화
입안에서만 오물대던 욕설
손아귀에 쥐가 나도록 다 뽑는다

가슴속 껄끄러운 검부러기
풀무질로 다 날려 버린 듯
화단이 산뜻하다

# 마지막 포옹


여보 한번만 안아 줘요
죽기 전에 마지막으로

남편은 천도제를 지낸다
영정 앞에 술잔 올리듯
조심스럽게
달무리가 지면 비가 온댔지
하얀 화선지 같은 내가
비에 젖을까 봐 눈을 감고

남편의 눈에 물빛 비치더니
화선지에 빗물이 번진다
감았던 내 눈에서도
반생을 태워 버린 촛농이 흐른다

여보 미안해
미안해
미안해…

# 청양고추

매운 것을 못 먹는 나
얼큰한 된장국에
쫑쫑 썰어 넣은 청양고추
벌레 먹은 콩 골라내듯 건져낸다

내 머릿속 즐겨찾기에 저장된
고추 가려내는 식성은
모든 반찬이 화면에 뜨면
반사적으로 삭제를 클릭한다

어디를 가든 청양고추 하나가
제 성깔 걸러내지 못하고
매운맛 함부로 내밀어
밥맛이 달아날 때가 있다

세상은 된장국처럼
어울렁 더울렁 살아간다지만
그래서 세상살이가 맛있다지만
반찬마다 건져내 버리고 싶은

청양고추 있다

어제 모임에서도
매운 청양고추 있었다
하마터면 클릭할 뻔했다

## 시작 詩作

숨이 멎을 것 같은 여름
가지를 찢는 폭풍우
면도날같이 혹독한 겨울 눈보라
참고 시달린 후에야
아름다운 꽃 한 송이 피어난다

고통의 연금술 날카로운 파편에서
시어 詩語 하나 건져내고
수많은 밤의 불면 속에서
향불 하나 피워 올리지만

손가락 피멍 들어 쌓은
돌탑 같은 시 한 편도
아침, 해 떠오르면
쓰레기통으로 향하는
시 한 편을 위한 시시포스

언제 시다운 시 한 편 오려나

# 제2부

흔들릴 때마다

# 흔들릴 때마다

바람에
나뭇잎 흔들린다
누군가 등을 미는지
나뭇가지 휘청거린다

아니다, 아직 피지 못한
꽃 한 송이 위하여
휘청거려 준다

살아 있는 것들은 서로
울타리 밖으로 밀어내며
날을 세워 흔들어 대지만

꽃 한 송이 피우기 위해
때론 흔들려 주기도 하고
때론 휘청거리며 살아간다

나도 누군가 흔들 땐
푸른 나무 한 그루 위하여

흔들려 줘야 하리

흔들릴 때마다
뿌리 더 깊게 내리며
휘청거려 줘야 하리

# 호박씨 세 개

옛날 우리 할머니
호박씨 심을 때
한 구덩이에 세 개씩 심었지

―저것들도 묵고 살아야지야

한 개는 새가 먹고
한 개는 벌레가 먹고
한 개는 우리가 먹고

아~ 돌이켜보면 누구에게
호박씨 한 개 심은 적 없는 나

# 단풍

꽃보다 예쁘다고
아름다운 이별이라고
함부로 말하지 마라

붉게 타는 저녁노을이
하루의 상처이듯

아름다운 것들은
고통 속에서 피어나고
이별은 겨울비처럼 슬픈 것

화려한 아픔이다
빛깔 고운 눈물이다

# 청산도

청산도에 가고 싶다
그대와 단 둘이

노오란 유채꽃밭 지나
파도의 박수갈채 받으며
나뭇잎들의 화음에 맞춰
액자 속 그림처럼 걷고 싶다

조금은 어색한 거리
주변만 맴도는 얘기들

돌아올 때쯤
갑자기 딱 하루
모든 배들 발 묶어 놓
태풍이라도 불어 준다면

아~
유채 씨앗 맺힐 것을

# 낙엽

아무런 잘못도 없이

어젯밤 사라진 별똥별처럼
원망도 후회도 없이
그렇게 가야 한다고
등을 떠밀며 재촉하는
바람의 찬 손

이제 그만
지난 세월을 털고
서로 모르는 사이처럼
메마른 가슴을 흔들며
떠나야 하는가

아무런 잘못도 없이

단지
더는 알아낼 비밀도 없고
더는 들여다볼 꿈도 없다는

이유만으로

차가운 거리를 헤매다
무심한 발길에 짓밟히는 소리
슬피 울어 줄 이도 없는
낙엽들의 신음 소리

# 아버지보다 더 아프다

캄캄한 어둠 속
밖으로 통하는 마음이
열리지 않을 때면
나는 내 머리를 쥐어박는다

어릴 적
넘어져서 울고 있을 때면
으이구 바보 같은 놈 하며
내 머리를 살짝 쥐어박는
아버지에게서 물려받은 버릇이다

이제 아버지가 안 계시니
내 머리를 쥐어박을 사람이 없어
나 스스로 내 머리를 쥐어박는다

아버지보다 더 아프다

# 냉수 한 컵 마시듯

그녀는 내 마음을
온통 분홍빛으로 물들여 놓고
냉수 한 컵 마시듯 아주 쉽게
헤어지자는 문자 한 줄 남기고
카톡 속으로 사라져 버렸다

해그림자 길어지는 강둑길
슬픔을 한 움큼씩 뿌리며 걸었지
떠내려갈 줄 알았던 슬픔은
주인 꽁무니 따라오는 강아지처럼
내 그림자를 목에 매고 쫓아왔어

슬픔은 휴지처럼 버리는 것이 아니었어
겨울 찬바람 제 살 속에 쟁이는 황태같이
가슴에 슬픔이 축축이 쌓여만 갔지
지금도 휴대폰의 카톡 소리만 나면
쓰린 가슴이 울컥울컥 펌프질을 하지

# 너에게로 가는 길

길을 나선다
너에게로 가기 위하여

너에게로 가는 길은
산딸기 찔레나무 가시가 날카롭다

지금 가는 길이 보이지 않아
잘 가고 있는지 아직은 모른다
하지만 길은 언제나 그 자리에 있다
다만 안개와 덤불숲으로 덮여 있을 뿐

산다는 것은
너를 찾아 떠나는 것
가는 길이 멀고 험할지라도
가다가 쓰러질지라도
가야 하는 길

# 눈치

쓰레기 더미에서 뒹굴다 나온
실뭉치 같은 개 한 마리
비실비실 굴러간다

주인의 마음을 읽지 못해서
쫓겨났겠지

눈치껏 잘해야
고기 한 점 얻어먹고
꼬리를 흔들어야
금방석에 앉히고 안아 주지

바람의 마음을 헤아려
미리 몸을 눕히면
살기가 편한 것을

눈치 없는 개 한 마리
꼬리 흔들 기회 다 놓치고
빈 밥그릇에 햇빛만 가득하다

# 달콤한 유혹

공원 벤치
누군가 마시다 버린
일회용 종이컵에
한 모금 남은 주스

달콤한 유혹
뿌리치지 못한 주검
눈을 뜨고 있다

개미
이팝나무꽃 같은 새끼들
눈에 밟혔으리라

감지 못한 눈동자에
핏발 선 하늘이
파르르 떨고 있다

# 지금은 어둠의 계절

억수가 쏟아진다
비바람이 어지럽다

고개를 어디로 돌려야 하나
흔들리던 나무들
마음의 문을 닫아걸고
등 돌려 엎드린다

성에 낀 유리창 입김 불어 닦아도
창밖 어둠은 닦이지 않고
숲은 변두리의 하늘처럼
캄캄하다

지금은 어둠의 계절
머지않아 동녘 하늘 밝아 오겠지
풀잎처럼 누워 있던 나무들
다시 마음의 문을 열고
꽃눈 잎눈 피워 올려
세상을 초록으로 물들이겠지

## 사진 한 장

내 마음에
사진 한 장 찍혀 있다

날마다
하늘에 걸어 두고 보는

지워 버릴 수도
찢어 버릴 수도 없는

사진 한 장

밤이면
별이 되어 반짝이는

잠들면
잊혀질까 두려운

내 마음에
사진 한 장

## 석류, 빨간 웃음

석류꽃 아프게 진 자리
이별의 흔적이 눈물로 맺혀 있다

텅 빈 너의 빈 자리에
별을 따다 채곡채곡 쟁인다

깨문 입술, 못다 한 말들
명주실로 알알이 엮는 긴 밤

긴 밤 지새운 별들
마음 열고 빨갛게 웃는다

# 첫눈

창이 밝아
아침인가 방문 열고 내다보니
온다고 기별도 없던 그 사람
하얗게 웃고 있네

맨발로 뜰 앞에 내려서니
먼 길 달려온 그리움처럼
사분사분 품에 안기는 나타샤

백석의 나타샤를 껴안고
춤을 추네
어디선가 천사의 나팔 소리
들려오네

# 홀로 가는 길

지난밤 쌓인 눈 위에
찍혀 있는 노루 발자국

간간이 깊이 패인 발자국
멈춰 서서 뒤돌아보았구나

어지러운 발자국 보니
스쳐 간 시간들이
마음을 흔들었구나

그믐밤
정情도 얼어붙은 겨울 강 지나
홀로 가는 길

# 제3부 하루살이

# 하루살이

절뚝거리는 하루를 팔기 위해
새벽 어둠을 헤치며 날아가는
등 굽은 하루살이

어둠의 꼬리가 남아 있는 인력 시장
가로등을 치켜들고 봉고차가 올 때마다
떼를 지어 날아드는 하루살이들
공사판 감독은 어물전 생선 고르듯
팔팔한 하루살이들 골라 싣고 간다
몇 대의 봉고차가 왔다 가고
팔리지 못해 날개 접은 등 굽은 하루살이

햇빛은 어지럼증으로 우우 몰려오고
국밥 한 그릇의 신기루가 어른거린다
낡은 작업화는 천 근의 무게로 발목을 잡아
날아오를 수도 없는데
누군가의 신발에 생을 마친 담배꽁초
입에서 되살아나 하늘이 맵다

벌써 며칠째 빈손이다
해도 오르다 숨을 헐떡이는 언덕배기
다 쓰러져 가는 함석집
빈손을 쳐다보며 땅이 꺼지는 노모
눈치 빠른 아이들 애벌레처럼 문 뒤로 숨는다
오늘도 물로 빈 속을 채울 아이들
걸어 다니면 배 속 출렁출렁할 것이다

비가 오려나 하늘이 침침해진다

# 달팽이처럼

하루를 백 년 삼아
산 넘어 넘어 왔을 유모차 한 대
폐지를 등에 업고
달팽이처럼 기어간다

빈 박스 열 장도 힘들어서
뼈 부러지는 소리 나는 유모차
죽어야 펴질 기역자 허리에
유모차 손잡이가 너무 높다

손만 대도 툭 부러지는
마른 나뭇가지 같은 목숨이지만
스스로 자르지 못하고
오늘도 폐지를 등에 업은 유모차
달팽이처럼 기어간다

# 로또 복권

차가운 방
주린 배 속에 도사린 가난이
입 벌리고 누워 있다

살아가는 것이
맨손으로 절벽을 기어오르는 일이어서
사망 신고라도 하고 싶지만
거미줄이라도 잡고 싶어
희망 한 장 샀다

희망의 유효 기간은 일주일
미동도 없는 와불의
두 손을 모으는 간절한 염원은
나뭇잎을 흔들고 가는 바람일 뿐

햇빛도 오다가 뒤돌아가는
차가운 방 윗목에
꼬깃꼬깃 구겨진 희망이
무덤처럼 쌓여만 간다

# 반딧불이

별이 되고 싶어
하늘에 오르다
달빛에 날개를 베이고
어둔 풀숲에 몸을 부린다

꽃들도 창을 닫아 잠들고
꿈도 꺾어진 이 밤
손 내밀어 잡아 줄 이 없는
허망한 밤을 태운다

태워도 태워도
싹이 돋는 욕망
밤새도록 어둠을 불사르는
반딧불이 부질없는 꿈

# 비 오는 날

낙엽 진 감나무 마른 가지
대롱대롱 빗방울 데리고 놀고

할 일 없이 누워만 있던 초가지붕도
빗방울 또르르 굴리며 놀다
떨어지는 소리 듣기 좋아
퐁당퐁당 빗방울 던지며 논다

영식이도 툇마루에 앉아
밤송이 같은 턱수염에 묻은
막걸리 방울방울 매단 채
오늘 일당을 마시며 논다

공사판 막일꾼인 영식이
비 오는 날은 공치는 날이다

# 안부

등이 가렵다
마음은 그곳에 있지만
볼 수 없는
손이 닿지 않는 거리

수취인 부재로 되돌아온 편지처럼
나뭇잎 하나 휑그르르
발 앞에 떨어진다

벌써 가을인가
잘 있겠지

빈 나뭇가지 하나 주워 들고
가려운 등 긁는다

# 몽당빗자루

평생을 푸르름으로
하늘 높은 줄 모르던 대나무
길을 쓸고 있다

기도하는 마음으로
제 살 다 닳도록
전생의 업을 쓸고 있다

돌아보면 한 번도
빗자루 된 적 없는
내 발자국 길에 어지럽다

몽당빗자루 오늘도
아침을 열고 있다

# 개망초

꽃도 아닌
꽃 한 송이 피우기 위해
엄동을 맨발로 건너왔다

햇살이 부드럽던
5월 어느 날
생살을 찢고 날개돋이 하는
매미의 몸짓으로
장미꽃 만발한 화원에
꽃 활짝 피웠다

삼동에 얼어 터진 맨발보다
백안의 시선이 더 아파서
환상의 날개 접고 돌아눕는다

# 낡은 신발

도시의 아스팔트 위
깨진 네온사인 파편이 날카롭다

삼베 홑이불 같은 신발은
아픔을 느낄 여유도 없이
시간을 쪼개며 길을 잡아당긴다

가장 낮은 곳에서
지친 영혼의 무게를 짊어지고
휘청거리며 뛰고 또 뛴다

별들도 눈꺼풀이 무거워지는 자정
끈적거리는 어둠을 밟고 돌아와
무거웠던 하루를 내려놓는다

내 체온이 빠져나온 낡은 신발
박물관, 어느 장군의 유물인가
신발장 한편에 자리 잡고 있다

어두웠던 날의 내가 거기 있다

# 그 길

지렁이 한 마리
제 길 끌고 기어간다
비 먹은 흙길 버리고
시멘트 포장도로 쪽으로

길 잘못 든 적 있다
발자국을 지우며 걸어도
나의 흔적을 기억하고
수식어처럼 이름 뒤에 붙어
따라다니는 그 길

잘못 든 그 길
구전으로 이어 온 전설처럼
내 무덤까지 따라올
젊은 날의 치부恥部

# 틈

거미 한 마리
책으로 찰싹 덮쳤는데
벽 틈 사이로 숨어 버렸다
거미
가슴 쓸어내리는 소리 들린다

수많은 틈새에서 들리는
한숨 돌리는 소리

# 지리산정원의 아침

춘정으로 긴 밤 지새운 뻐꾸기
뻐꾹뻐꾹 게으른 아침을 깨우고
구름 위에 떠 있는 섬들
오산 봉성산… 그리고 나

기지개를 켜는 어린 바람의
뺨을 스치는 부드러운 손길
소곤대는 연초록빛 잎들
귓속말 간지럽다

바위 위에 걸터앉은 선잠 깬 다람쥐
두 손 모아 기도문을 외우고
반달을 사랑한 때죽나무
하얗게 산란한 꽃들
종소리 깨알처럼 쏟아질 것 같다

시간은 바쁜 사람들을 위하여
도시로 돌아가고
솔향 그윽한 오솔길엔

지난밤 풀잎에 내린 별들
발끝에서 또르르 구른다

## 촛불을 켤 시간

첫 마음은 설레임
두리번거리며 흐르는 시냇물

바위 막아서면
한 옥타브 높게 땀방울 부서지고

길의 끝이 어딘지 모른 채
쫓기듯 달려가다

지친 무릎 접고
바다에 눕기까지 사나흘

가쁜 숨 가다듬고 돌아보면
촛불을 켤 시간

# 해묵은 담벼락에 이끼는 끼고

다람쥐 눈길 한 번 스쳤을 뿐인데
도토리 한 알 툭 떨어지고

까치 입질 한 번에도
감, 마음 열고 붉어진다

기억 속 크고 작은 옹이들
저녁노을에 둥글어지는데

돌아선 등 한 번 되돌리지 못하고
서성이는 생각만 만지작거리다

해묵은 담벼락에 이끼는 끼고
인사도 없이 멀리 산모롱이
멀어져 가는 그림자 하나

## 인테리어 부채

한여름
부채 하나씩 들고 다녔다

바람이 되고
그늘이 되고
모기도 쫓는

언제부턴가 부채
벽에 거꾸로 매달려 있다

어르신 저쪽으로 가 계세요

언제부턴가 나도
부채 되었다

# 제4부 상선암 느티나무

# 상선암 느티나무

상선암 아름드리 느티나무
지난여름 태풍에
해묵은 가지 하나 내주고
가슴 한쪽 휑~한 그 자리에
산괴불주머니 씨앗 한 톨 입양했다

느티나무
두 팔 벌려 햇빛이랑 빗물 받아
금쪽같이 키우더니
가슴 한 켠 내어 준 그 자리에
산괴불주머니
노란 꽃 활짝 피웠다

내어 준 자리가 환하다

# 아슬아슬했다

가랑잎 하나
거미줄 끝에
떨어질 듯 매달려 있다

바람이 등을 밀 때마다
위태롭게 그네를 탄다
마치 살아가는 것이 곡예인 듯

살아온 날들
아슬아슬했다

# 나는 꽃이 되었다

나비 한 마리
의자에 앉아 있는 내 발등에
날개 접고 앉는다

나는 그대로 꽃이 되었다

## 내 생애 한 번 더

내 생애 한 번 더
꽃을 피울 수 있다면

고단한 한숨만 고이는 지하 단칸방
손바닥만 한 창문 앞에
파랗게 멍든 한숨 끌어안는
달개비꽃으로 피어도 좋고

레이스 달린 원피스가 입고 싶다는 소녀 가장
밥상도 되고 책상도 되는 귀 떨어진 상 위에
시린 가슴 보듬어 줄 한 송이
모란꽃으로 피어도 좋으리

창백한 얼굴로 엄마손을 놓지 못하는
병상의 어린 천사 머리맡 화병에
목이 꺾인 빨간 장미로
사나흘 희망이 피었다 시들어도 좋으리

내 생애 한 번 더

꽃을 피울 수 있다면
절망의 주름살 깊게 패인 얼굴들
하얀 웃음 펄펄 날리는
벚꽃으로 피어도 좋으리

# 너를 보내며

1.
너는 어릴 때부터 답답하다며
꽉 낀 옷을 싫어했었지
180cm×40cm×30cm 목관에
잠든 너를 영락공원으로 보냈다

2.
내 손에 안긴 작은 단지
마귀할멈이 부린 요술인가
눈물도 마르지 않을 1시간 만에
지리산 범바위라 불리던 너의 50년이
겨우 흰 가루 한 되 반이라니

3.
이제 너와 나의 인연을 풀어
춥고 캄캄한 땅속에 묻는다
손바닥만 한 돌에 새긴
설익은 열매로 떨어진 너의 이름
눈이 흐리다

4.
네 이름 밑에 택시비 놓고 간다
제비 돌아오는 3월이 오면
땅을 뚫고 솟아오르는 새싹처럼
깊은 잠 떨치고 일어나
놀러 다녀온 듯 돌아오너라

## 달맞이꽃

숨 죽여 바라만 보는
창백한 나날들

그대는 무심한 반달
내 간절한 소망은
그대에게 가 닿지 못하고

노랗게 시드는 가슴앓이

오늘도 내 사랑은
먼 하늘… 멀어져 가는
그대 뒷모습에 매달린다

# 매듭

짧아서
두 줄을 하나로 묶다가
사람과 사람을 묶는
매듭에 대하여 생각한다

옛날엔
하늘이 매듭을 만들어 주었지
한번 묶으면
혼백이 되어서도 풀 수 없는 천명

풀 수 없기에
부딪혀도 아프지 않게
모난 데는 깎고 패인 곳은 서로 메우고
세월이 둥글둥글 감쌌지

요즘은
매듭 전문 회사도 생겨
휴대폰에서 손가락 몇 번 까닥거리면
매듭을 두 번도 만들어 주고

꼬인 운명의 실도 알아서 풀어간다니
하늘도 편할 것이다

매듭이 귀찮은 요즘 사람들
아예 묶을 생각도 없다

# 부끄러운 기억

목줄 풀린 날
휘파람 불며 꽃구경 간다

갑자기 뒤에서 날아온 차
내 앞 공간을 찢고 끼어든다

순간, ㅆ이 입안에서 질겅거리고
무의식이 가속 페달을 밟는다
땅에 발을 딛고 걸을 때부터
지면 안 된다고 배웠다

조수석의 이웃을 사랑하는 신봉자
질책의 시선이 뺨에 꽂힌다
룸미러에 매달려 흔들리는 십자가
십자가에 매달린 마음도 흔들린다

급한 일이 생겼을까
브레이크 페달 살짝 밟아 줄 걸
나도 바쁠 땐 눈 질끈 감고

머리 들이민 적 있었는데

생각할수록 부끄럽다

# 빈자리

단단하게 박혔던
말뚝, 뽑힌 빈자리
바닷물 나들어 쓰리다

그대 떠나간 빈자리
밀물 몇 번 드나들면
금세 딱지 아문다지만
바람이 스치기만 해도 시리다

돌아보면
송알송알 피어나는 살구꽃
오늘도 살구꽃 색깔로
그리움에 색칠을 한다

## 사랑은 얼마나 가벼운가

봄햇살 스치는 눈웃음에
스르르 옷고름 푸는
목련 꽃봉오리

사르르 꽃잎 지는 소리에
허공으로 흔적도 없이 날아가는
저 노랑나비의 날갯짓

아~ 사랑은 얼마나 가벼운가

# 속죄

섣달그믐 새벽 5시

2평坪의 속박

흰 벽을 마주 보며

무릎 꿇고 있는 수인囚人

영혼은

발에 밟힌 꽃잎들을 보듬고

탑을 돌고 있다

# 쏘가리 매운탕

강에 찬비는 내리는데

긴 유영을 끝낸 쏘가리 한 마리
뚝배기에 편안하게 누워
칡넝쿨 같은 지난 이야기
보글보글 풀어놓고 있다

굽이치는 흙탕물 속에서
길을 잃고 헤매던 날들
서러운 때일수록 고향은
반짝이는 여울물로 다가온다

세월을 거슬러 고향 강가에 서면
아픈 상처들이 소주를 마시고
매운 눈물 한 숟가락에
넘어지고 깨진 이야기들이
입안에 얼큰하다

고단하게 살아온 것들일수록
국물 맛이 진하다

# 엄처시하


아내와 나, 티격태격
목소리가 계단을 타고 오른다

아내는 기억력도 좋다
목소리만 높아지면 머릿속에 저장된
내 낡은 허물을 하나씩 꺼내어 씹는다
나는 껌이 되어 질겅질겅 씹힐 뿐

아내는 내 허물이 질긴지
한참을 씹다가 꿀꺽 삼키고
이때를 위하여 아껴 둔 비장의 무기를 꺼낸다
아내의 눈물 앞에 나는 단물 다 빠져
몰랑몰랑해진다

타임머신을 타고 옛날로 돌아가
아내의 눈물을
웃음으로 바꿀 수 있다면

초등학교 운동장

큰 칼 옆에 차고 서 있는
이순신 장군처럼 당당해질 것인데

과거를 고칠 수가 없다
그저 죽을 때까지 죽은 듯
물컹물컹 씹히며 사는 수밖에…

# 자귀나무

아무 곳이나 지범거리며 지나가는
회오리바람 같은 사랑 말고
실바람에 흔들리는 들깻잎 한 장의
가슴 두근거리는 그런 사랑

한순간 빨갛게 타오르다 고개 떨구는
동백꽃 같은 사랑 말고
살짜기 한 꺼풀 들춰 보면
꿈을 그리는 여린 새싹 같은 그런 사랑

그리하여

밤마다 사랑을 안고 잠이 드는
자귀나무 잎사귀
속삭이는 사랑의 밀어들
연분홍 꽃으로 피어나는
그런 사랑

# 어느 요양보호사의 일기

제5부

# 어느 요양보호사의 일기

꽃병에 갇힌 장미꽃
날카롭던 성깔 다 뽑히고
체념의 낯빛이 저녁을 닮아 가네

발이 묶인 장미꽃
기억에 실금 가는 소리 들리네

느리게 아주 느리게
눈가에 물빛 번지네

이제 꽃잎 질 것이네
소리도 없이 꽃잎 떨어질 것이네

# 귀 떨어진 바늘

떨어진 단추 달기 위해
어머니 반짇고리 뒤적이니
귀 떨어진 바늘 하나
바늘쌈지에 꽂혀 있다

온몸이 쑤시고 죽겠다 하시다가도
파스 몇 장 붙이고 또 일 나가셨지
파스처럼 붙어 떨어지지 않던 가난
불빛 보이지 않는 긴 터널 속에서도
5남매에겐 밥이고 빛이었던 어머니

삶의 상처 욱신거릴 때마다
쓰다듬어 주던 약손
세월의 매운 바람에
앙상한 대나무 빗자루 되었다

나 어릴 적 칭얼대면 업어 주시던
귀 떨어진 바늘
지금은 내 등에 업혀 있다

# 까치집

낙엽 진 플라타너스나무 꼭대기
빈 까치집 하나

지난여름 모진 폭풍우에도
날개 부서지며 지켜 낸 모정

저 집에서
노란 입들 키워 냈겠지

우리 형제들 살 비비며 살던
시골 언덕배기 까치집

새끼들 다 떠나 보낸 휑한 집
5남매 우리 어머니
날개 다 빠져 유모차 밀고 다닌다

# 늙지 않는 걱정

―어머니, 친구 회갑 잔치 가니까 먼저 주무세요
―밤늦게 돌아댕기먼 못 써 빨리 들어와라이

저녁 10시 뉴스가 끝날 시간
낡은 양철 대문에 귀 매달았는지
캄캄한 방안에 가득 고였던 걱정
삐긋이 열린다

―아직까지 안 주무셨소
―야심헌 밤에 자식이 안 들어왔는디 잠이 온다냐
  늦었다 자그라
―내가 세 살 먹은 애기요

닫히는 방문 사이로
솜이불 같은 목소리 등을 감싼다

―백 살을 묵어도 자식은 자식이여

# 시골 우리 집

이순을 훌쩍 넘긴 시골 우리 집
허리 굽은 방문 열면
뼈 부러지는 신음 소리 요란하고
갈라진 흙벽 갈비뼈 사이로
바람이 숭숭 제 집처럼 드나든다

기와를 이고 있는 돌담도
드문드문 이가 빠져
의치로 갈아 끼운 지 오래다

몇 년 전 늙은 대문을 위하여
용수철로 머리띠를 해줬지만
치매가 왔는지
가끔 문 닫는 것도 잊어버리고
바람 따라 낄낄 웃고만 있다

잠버릇 사나운 천장은 내려앉고
잇몸 벌어진 마루 삐거덕거리지만
아무 데나 꽉 엎어지면

솜이불이 되어 주는 시골 우리 집
푸른 달빛도 쉬었다 간다

# 방에 달력을 걸어 두지 않으리라

세월을 잊고 살자 했지만
어김없이 또 가슴에
바윗돌 하나 얹힌다

돌아보면
일 년 삼백예순닷새
벚꽃 흐드러진 꽃길 손가락 꼽고
허구한 날 살얼음 덮인 겨울 강에
안개만 자욱했는데
다시 볼 무엇이 남아
모질게 서둘렀는지

새해에는
방에 달력을 걸어 두지 않으리라

이제
내 어린 이가 얹혀 있는 집으로 돌아가
살아온 날들 뒤적이며
뜨거운 커피 식혀 마시듯
스러져 가는 황혼을 마중하리라

## 동창회


이파리 몇 잎 남지 않은
고목들의 잔치

기억도 가물가물
옆 친구 기억 빌려 보더니
메말라 푸석거리던 얼굴들
금세 생기 돋아 파릇파릇

재잘재잘 재잘재잘
새싹 움트는 소리도 잠깐
어느새 활짝 핀 꽃들
어느 꽃 하나
반갑고 예쁘지 않은 꽃이 없네

물오른 고목들
천 년을 산다는 구상나무처럼
내년에도
다시 모여 재롱 잔치 벌이세
고목에 새싹 돋아날 것이네

# 어느 봄날의 풍경


은혜요양원이 있는 구례읍에서
삼십 리 산골 마을 피아골

간판만 슈퍼인 피아골슈퍼 앞
봄 햇살 간지러운 낡은 의자
무너질 듯 앉아 있는 노인의 주름진 얼굴에
조각난 햇빛이 꼼실거린다

앞산 모퉁이 신작로를
불안한 시선으로 겨누고
오후 내내 석불이 되어
앉아 있는 노인

말뚝에 묶인 염소 목줄만큼의 자유
관계자 외 출입금지의 폐쇄된 공간
학생부군 이름표를 달아야
나올 수 있는 곳

오늘도 그곳으로 데려가는

봉고차는 오지 않았다며
웃는 듯 마는 듯 얼굴에 새겨진 세월이
희미하게 펴지는 노인
무너지는 석양을 굽은 등에 지고
피아골슈퍼 문 안으로 진다

# 모두가 봄이다

복수초 바람꽃 산수유꽃
꼼지락꼼지락 피는 들꽃들
겨우내 엎드려 숨죽였던 계곡
또랑또랑 굵어진 목소리
봄이다

몽실몽실 연둣빛 꿈꾸는 나무
초롱초롱 겨울잠 깬 다람쥐 눈망울도
봄이다

봄이다
지하도 장님 똥그랑땡 동전통 소리도
스르르 지하철 졸음에
어깨 슬며시 내어 주는 마음도

모두가 봄이다

# 깨진 꽃병

꽃병에서 물이 샌다
깨졌나 보다
선물 받은 것인데

버리지 못하고
한동안 눈 밖에 제쳐 두었다

아까워 접착제로 붙여도
깨진 자리
지워지지 않고 보인다

너와 나
목련꽃 몇 번 피었다 졌지만
깨진 흔적 남아 있다

발문

# 가객이 된 교정직 공무원

정석희 | 도서평론가

 어기적어기적이란 말보다는 아장아장이란 말이 천 배는 예쁘다. 우리도 옛날 옛적 어느 날인가는 아장아장도 걸었을 터다. 여기서 '우리'란 김성기 시인과 필자를 아우른 말이다. 우리는 어린 시절부터 동무 사이다. 초등학교 한반일 때는 죽고 못 살았다.

 내 동무는 어린 시절 운동회 날이면 운동장을 평정했고, 수틀리면 "우씨…!"가 먼저 나가던 꼬마 불한당이었다.

 소년기를 보내고 서로의 길을 찾아 길을 떠날 때까지 나는 그 기억 외의 어떤 조짐이나 낌새도 따로 본 적이 없다. 다만 탐 존스의 '딜라일라'를 참 맛있게

불러 젖히더니 미색이라고 떠들썩하게 했던 처녀를 아내로 챙기면서 교정직 공무원이 되었다는 소식이 들렸다.

70년을 넘게 살다 보면 별로 놀랄 일이 없다. 노인이란 초라해 보여도 수천 수만 개의 이야기를 가지고 있는 개체들이 아니겠는가. 그런데 말도 안 되는 소식이 들려왔다.

내 어릴 적 그 꼬마 불한당을, 검도 선수였던 자를, 《월간문학》이라는 이름 있는 문학지에서 시인으로 뽑아 주었다는 것이다. 얼마나 황당했겠는가, 처음엔 고뇌했다. 그리고 그의 시를 찾아 읽기 시작했다.

처음 읽은 시가 당선작으로 뽑힌 〈마지막 술잔을 비우고〉였다. 빚에 쫓겨 '생명보험'에 가입하고 생애의 마지막 술잔을 비운다는 초라한 한 가장의 얘기였다.

깜짝 놀랐다. 얼마나 지났을까. 정신을 차려 보니 그건 시인 자신의 얘기가 아니었다.

내가 아는 그는 절대 그럴 사람이 아니었다. 그때야 떠올랐다. 그건 어느 교도소 인생의 이야기겠구나 하고…. 그리고 이 유추는 그의 시를 읽어 갈수록 확실해졌다. 그가 이번 시집 속에서 자주 쓰는 개념들을 열거해 보자.

'깨진 술잔이거나 소주병' '석양' '낙엽' '애벌레

같은 자식 혹은 남루한 아내' '금 간 꽃병' '깨짐' '종말' '지는 꽃잎'….

이미 이상하다고 느끼셨는가. 그의 시에는 깊은 한숨이 묻어 있다.

퇴직을 하고 고향 집 대청마루에 앉아서 그는 무슨 생각들을 했을까. 셀 수 없이 수많은 얼굴들, 억울했거나 무지했거나 죽도록 가난했거나 정신이 아팠거나 했을 담 안의 그들을 떠올리지나 않았을까.

그는 평생 '사회 규범Ethos'을 지키고 권하며 사는 직업이었는데, 혹시 은퇴 후에는 '연민Pathos'을 읊지 않고는 견딜 수 없는 그 뭔가가 있었던 건 아닐까. 그러길래 저토록 깊은 한숨 소리를 내고 있는 것은 아닐까. 그가 봐 온 인생들이 자꾸 가슴에 남아서 그게 잊힐까 봐 웃지 못하는 아니 스스로 아프고자 하고 있는 것은 아닐까. 그는 지금, 죽음처럼 헤어진 그 넋들을 위하여 '진혼곡Requiem'을 읊고 있는 것은 아닐까.

"왜 맨발로 뛰냐?"

여름 한낮 섬진강을 향해 종달음 놓던 조무래기들 속의 한 동무에게 내가 물었다.

"다 닳아쁘까미…!"

그 아이는 항상 양손에 검정고무신을 들고 뛰었다. 이 천사 같은 동무의 이야기도 시인은 읊고 있다.

"뺀질뺀질 동백잎처럼 낯짝 두껍고 넉살 좋던 그 동무의 사무치는 유서" 앞에서 시인은 "그 두껍던 낯짝 어디 두고 그렇게 갔느냐"고 운다.(시 〈동백나무 잎〉에서)

결국 내 동무의 시는 아픔이더란 얘기다.

쓰레기 속을 뒹굴다가 "실뭉치처럼 비실비실 기어 나오는" 유기견 한 마리에도 시인은 가슴이 간다. 눈치껏 주인 비위 좀 잘 맞추지 그랬느냐며 "햇빛만 가득한 빈 밥그릇"을 바라보고 있는, 그 개가 되어서….

읽어 보시라고 권하고 싶지 않은 시도 있다.

새벽 인력 시장에서 노쇠해서 팔릴 길 없는 한 가장의 귀가 풍경은 차마 알고 싶지 않다. 그 마지막 구절은 "비가 오려나 하늘이 침침해진다"다.

천상병 시인은 한생을 '소풍날'에 비유했다(시 〈귀천〉에서). 김성기 시인은 좀 더 직설적이다. 〈하루살이〉로 대체된다.

시 〈시골 우리 집〉도 읽어 볼 일이다.

"허리 굽은 방문" "갈라진 흙벽 갈비뼈" "의치로 갈아 끼운 돌담" "치매가 온 늙은 대문" 그래도 아무 데나 팍 엎어지고픈 우리 집….

이건 기억이 아니고 추억이다.

헨델의 〈리날도〉 중 "울게 하소서"가 문득 듣고 싶

어진다. 〈시골 우리 집〉을 읽었을 때도 꼭 이 느낌이었다. 어린 시절 나도 이 집 마루에서 살다시피 했다. 내 동무야 세월 묵은 옛집 앞에서 그래도 "푸른 달빛도 쉬었다 가는" 추억 속으로 빠져들었던 모양이다.

도시내기가 읽으면 도통 모를 감정이니 약 오를 테지만 시골뜨기가 읽으면 절로 눈이 감기는 시다. 그리워 떨게 할 거란 말이다.

뜯겨 나가는 달력 한 장의 뒷모습은 엿같다. 나도 엿같다. 그러나 12월치 달력마저 뜯기는 순간에는 엿같다 못해 슬프다. 그래서 70대의 12월은 눈물겹다. 시인은 시 〈별처럼 반짝이더라〉에서 이런 나를 위로한다.

"깨진 소주병 한 조각이 보도 위를 뒹굴며 이리저리 치이다 보니 스스로 둥글어져 별처럼 반짝이더라"고….

72년 동안 섬진강변에서, 광주민주화운동 현장에서, 난 무서워서 못 가본 시인이 살아온 그 험지에서, 묵묵히 세월을 지켜보던 신출내기 시인이 가슴에 부딪쳤던 이야기들을 읊어내기 시작했다.

70대 사내가 "내가 예전에는 말일세"라고 시작하는 말은 이미 남루하고 지겹다. 그는 남루하고 지루한 얘기를 시라는 언어로, 때로는 사랑으로, 때로는 아품으로 꾸려서 우리 앞에 내보이고 있는 것이다.

　얼마나 긴 세월을 살았느냐보다 얼마나 많은 세상을 겪었고 얼마나 다양한 사람들을 만났으며 그 경험들을 어떻게 소화해서 토해 낼지는 모두 시인의 몫이다. 그는 지금, 그의 나이와 연애를 시작하고 있다.

　나는 아직 내 동무 시인의 번뜩이는 은유Metaphors들과 의식을 일상에 투사해 내는 수법 따위는 말도 꺼내지 못했다. 그의 시는 당분간 떫은 감 같은 이야기들일 수 있다.＊

> 해설

# 직관과 사유의 언어言語 미학美學
―김성기 시인의 시세계

기청 | 시인·문예비평가

요즘처럼 시가 대접받지 못하는 시대일수록 시는 빛난다. 이런 역설의 시학을 옹호하는 사람 중에 보들레르를 빼놓을 수 없을 것이다. 프랑스의 상징주의 시인 보들레르는 언어의 새로움과 안목의 새로움으로 현대시의 혁명을 이룬 선구자이다. 언어의 새로움은 비유와 상징을 통해 낯설게 표현하는 것이다. 안목의 새로움은 보이는 것(자연 혹은 대상)의 아름다움을 노래하는 것에서 보이지 않는 내면의 탐구를 통해 전혀 다른 차원으로 끌어올리는 것이다.

보들레르는 그의 시 〈알바트로스〉를 통해 시인을 희화화한다. 이 거대한 새는 날개를 펴 창공을 날 때

'거침없는 자유인'이 되지만 땅에서는 맥을 쓰지 못한다. 아이들이나 뱃사람들에게 붙잡히면 커다란 날개를 질질 끄는 우습고 초라한 것이 되고 만다. 시인이 시를 통해 어지럽고 혼탁한 세상을 일깨울 때 그의 존재 의미가 한층 빛나는 것이다.

요즘처럼 힘들고 혼탁한 시점에 시집을 발간하는 사람은 용감하다. 그런 용감한(?) 사람 가운데 김성기 시인이 있다. 김 시인은 무인武人으로 교도관 출신으로 평범하지 않은 길을 걸어왔다. 그런 독특한 경험과 음지의 삶에 대한 성찰이 역설적으로 시인의 길을 선택하게 된다. 현재 숲 해설가로도 활동하면서《월간문학》신인 작품상에 당선되어 본격 시인의 길을 걷게 되고 이번에 첫 시집을 상재하게 된 것이다.

우선 김성기 시집의 작품을 꼼꼼히 읽고 평설 대상작을 가려내는 과정에서 다음과 같은 주제 기법 표현상의 몇 가지 특징을 발견할 수 있었다.

시적 화자의 태도(어조)는 의지적이며(〈너에게로 가는 길〉외) 따뜻한 휴머니티(〈달팽이처럼〉외)를 지니고 있다는 점, 대상을 직관과 묘사의 기법으로 (〈그의 휴대폰이 꺼져 있었다〉, 〈하루살이〉외) 리얼리티를 살리고 있는 점, 비교적 짧은 단시(〈아슬아슬했다〉, 〈속죄〉, 〈단풍〉외)의 묘미를 잘 살리고 있는 점, 〈까치집〉등에서 은유와 환치의 기법이 참신한 점, 참회와 성찰(〈몽당빗자루〉, 〈속죄〉 외)을 통해 현실 극복 의지를 보여 주는 점 등이 관심을 모았다.

전반적으로 신인 이상의 숙련된 완성도를 보인다는 점에서 독자의 호응이 기대된다. 그러면 개별 작품 분석을 통해 김성기 시의 특징인 직관과 사유(성찰)를 통한 언어 미학의 실상을 살펴보기로 한다.

### 1. 길 위에서

'길'은 다양한 상징적 의미를 갖는다. 우선 물리적·관념적인 것을 포괄한다. '거친 길'이라면 1차적으로 물리적인 길을, 2차적으로 '거친 인생길'과 같은 비유와 상징으로 그 의미가 확장된다. 김성기 시가 모색하는 '길'은 어떤 길인지 작품을 통해 살펴보기로 한다.

> 길을 나선다
> 너에게로 가기 위하여
>
> 너에게로 가는 길은
> 산딸기 찔레나무 가시가 날카롭다
>
> 지금 가는 길이 보이지 않아

잘 가고 있는지 아직은 모른다
하지만 길은 언제나 그 자리에 있다
다만 안개와 덤불숲으로 덮여 있을 뿐

산다는 것은
너를 찾아 떠나는 것
가는 길이 멀고 험할지라도
가다가 쓰러질지라도
가야 하는 길

― ①〈너에게로 가는 길〉 전문

맨발로 뜰 앞에 내려서니
먼 길 달려온 그리움처럼
사분사분 품에 안기는 나타샤

백석의 나타샤를 껴안고
춤을 추네
어디선가 천사의 나팔 소리
들려오네

― ②〈첫눈〉 일부

위의 예시에서 드러나는 방향성은 ① '가는 길'과 함께 ② '기다림'이라는 역방향의 길도 있다. ①시는 미국 시인 프로스트Robert Frost의 〈가지 않은 길〉과 유사한 이미지를 닮고 있다. 두 길 중에서 사람들이 택하지 않은 낯선 길을 선택하면서 모험과 새로운 가능성을 암시하는 작품, ①시에서는 길의 불가시성과 험난함에 포커스가 맞춰져 있다. 결말 부분에 "산다는 것은/ 너를 찾아 떠나는 것"으로 삶의 길은 험난하지만 '너'(가치, 희망)를 위해 "가다가 쓰러질지라도/ 가야 하는 길"로 시적 화자의 의지적 태도가 드러난다.

②시 〈첫눈〉은 의도하지 않은 만남을 통해 바람이 실현되는 경우다. "백석의 나타샤를 껴안고/ 춤을 추네"에서 기쁨과 희열을 느낀다. 여기서 '나타샤'는 백석 시인의 시에 등장하는 인물(기다림 희망)이다. 그런데 이 시에서는 '백석의 나타샤'로 다시 인용되어 기쁨의 정서를 증폭시키는 창조적 상징의 효과를 거두고 있다. 삶이 고통스럽지만 때때로 의외의 만남을 통해 휴지休止와 성찰의 계기가 되기도 한다.

①, ②시 모두 시적 화자의 정서를 적절히 드러내는 서정시의 완성도를 보여 준다.

## 2. 삶의 위기

살면서 때로 위기에 직면할 때가 있다. 그것도 이웃

의 예기치 못한 불행을 보면서 삶과 죽음의 경계를 돌아보게 된다. 어느 한순간 맞이하는 죽음, 나와 너를 연결하는 끈이 끊어졌을 때의 당혹감, 그리고 현장에서 직면하는 화자의 태도는 어떤지 예시를 보기로 한다.

> 며칠 전부터
> 그의 휴대폰이 꺼져 있었다
>
> 반지하 그의 쪽방 문 열고 들어가니
> 멈칫거리는 햇빛 발치에
> 헤엄도 칠 줄 모른다는 그가
> 수족관의 넙치처럼
> 방바닥에 엎드려 있다
>
> 마지막 가는 길마저
> 허리 한 번 펴 보지 못하고 갔구나
> 애타게 불렀을 그리움들(중략)
>
> ―③〈그의 휴대폰이 꺼져 있었다〉 일부

> 가랑잎 하나
> 거미줄 끝에
> 떨어질 듯 매달려 있다

바람이 등을 밀 때마다
위태롭게 그네를 탄다
마치 살아가는 것이 곡예인 듯

살아온 날들
아슬아슬했다

―④〈아슬아슬했다〉 전문

③시 서두에서 상대의 휴대폰이 꺼져 있는 상황이 위기감을 고조시킨다. 확인차 현장을 방문하게 되고 불안감은 현실화된다. '반지하' '쪽방 문'을 통해 익명인 그의 힘겨운 처지가 드러난다. "헤엄도 칠 줄 모른다는 그가"에서는 담담한 상황 묘사와 함께 극적 표현으로 중압감을 감소시키려는 태도를 보인다. "애타게 불렀을 그리움들"에서 비로소 화자의 안타까운 정서가 느껴진다. 여기에도 '파리'를 '조문객'으로 희화화하여 비극적 현실의 무게감을 덜어 내려 한다.

④시는 화자가 자신의 삶을 돌아보면서 느낀 소회를 시로 적은 것이다. 전 3연의 짧은 시에 생애를 담았고 그것은 한마디로 위태로움이다. '거미줄에 매달린 가랑잎'처럼 불안하고 위태로운 '곡예'로, 삶을 한 개의 어휘로 응축하는 저력을 보여 준다. ③시에서는 담담한 상황 묘사의 휴먼과 리얼리티를, ④시에

서는 언어의 응축을 통해 삶의 위기를 부각시키는 시적 능력을 보여 준다.

## 3. 모성과 둥지

혈연에 대한 사랑, 그리움은 보편적 정서지만 그 시적 표현은 다양하다. 모성애 형제애의 다함이 없는 그리움은 시간과 언어를 초월하는 것이다.

어머니의 희생을 '귀 떨어진 바늘'로 형제들이 살 비비며 살던 고향 집을 '빈 까치집'에 빗대어 섬세하고 정감 넘치는 내면의 정서를 드러내는 작품도 있다.

>  떨어진 단추 달기 위해
>  어머니 반짇고리 뒤적이니
>  귀 떨어진 바늘 하나
>  바늘쌈지에 꽂혀 있다
>  (중략)
>  삶의 상처 욱신거릴 때마다
>  쓰다듬어 주던 약손
>  세월의 매운 바람에
>  앙상한 대나무 빗자루 되었다
>
>  나 어릴 적 칭얼대면 업어 주시던

귀 떨어진 바늘
지금은 내 등에 업혀 있다
　　　　　　　　　―⑤〈귀 떨어진 바늘〉 일부


낙엽 진 플라타너스나무 꼭대기
빈 까치집 하나

지난여름 모진 폭풍우에도
날개 부서지며 지켜 낸 모정

저 집에서
노란 입들 키워 냈겠지

우리 형제들 살 비비며 살던
시골 언덕배기 까치집
(하략)
　　　　　　　　　　　―⑥〈까치집〉 일부


　김성기 시의 정체성은 대체로 강직하고 의지적이며 과묵하다. 하지만 한편으로 섬세하고 인간적인 면모의 양면성을 보여 준다. ⑤시에서 우연히 발견한 어머니의 반짇고리 속 '귀 떨어진 바늘'에서 비밀처럼 간직한 깊고 한없는 모성을 느낀다.

"삶의 상처 욱신거릴 때마다/ 쓰다듬어 주던 약손" 그 약손이 앙상한 '대나무 빗자루'가 된 노구의 어머니가 가슴 저리는 회한으로 다가온다. 결미의 "나 어릴 적 칭얼대면 업어 주시던/ 귀 떨어진 바늘/ 지금은 내 등에 업혀 있다"에서 '귀 떨어진 바늘'은 대유로서 모성의 분신이 된다.

⑥시는 빈 까치집을 보면서 고향 집을 떠올린다. "우리 형제들 살 비비며 살던/ 시골 언덕배기 까치집"에서 형제들이 모두 떠나고 혼자 남은 노모의 처지를 보며 안타까움을 더해 준다. "지난여름 모진 폭풍우에도/ 날개 부서지며 지켜 낸 모정"에서 자식들을 위험에서 지켜 온 희생정신이 고귀하고 눈물겹다.

## 4. 참회와 성찰

살면서 가끔 돌아보는 삶은 무상하지만 그 속에서 의미를 찾아낸다. 시를 쓰는 작업은 삶의 성찰이다. 그런 성찰과 참회를 통해 삶은 승화되고 영적 고양高揚을 가져온다. 현상적인 것은 생겨나고 변하고 언젠가는 사라진다. 하지만 정신적인 것은 각성을 통해 생멸生滅을 초월하는 근원과 연결된 것이다.

평생을 푸르름으로

하늘 높은 줄 모르던 대나무
길을 쓸고 있다

기도하는 마음으로
제 살 다 닳도록
전생의 업을 쓸고 있다

돌아보면 한 번도
빗자루 된 적 없는
내 발자국 길에 어지럽다
(하략)

―⑦〈몽당빗자루〉일부

섣달그믐 새벽 5시

2평坪의 속박

흰 벽을 마주 보며

무릎 꿇고 있는 수인囚人

영혼은

발에 밟힌 꽃잎들을 보듬고

탑을 돌고 있다

—⑧〈속죄〉 전문

⑦시는 자신의 삶을, ⑧시는 타인의 삶을 바라본 것이다. 자아성찰과 대상의 성찰을 통해 참회의 의미를 부각시킨다. ⑦시에서 '대나무'(꿋꿋한 의지)의 변신인 '몽당빗자루'(이타적)를 통해 자신의 이기적利己的 태도를 각성한다. "제 살 다 닳도록/ 전생의 업을 쓸고 있다"에서는 단순히 이타적인 것 이상의 의미를 부여한다. 불교의 업karma은 몸과 입과 생각으로 지은 선업과 악업을 말한다. 화자는 '빗자루'(헌신, 참회)가 되지 못한 데 대한 각성과 자책을 고백한다.

⑧시는 김성기 시인이 교정직으로 재직 시 목격한 경험을 소재로 쓴 시로 보인다. 서두의 "섣달그믐 새벽 5시/ 2평의 속박"은 시공간의 제시로 특별한 느낌을 준다. 비록 수인囚人의 처지지만 면벽한 모습은 마치 수행자의 결기를 느끼게 한다. 한때의 과오로 속박의 처지지만 영혼은 참회와 기도의 원력으로 구원을 지향한다.

⑦, ⑧ 모두 비교적 짧은 단시지만 그 이상의 함축미를 실현하고 있는 점이 돋보인다.

그 외에도 이타利他와 공생을 주제로 한 〈상선암 느티나무〉 등도 인상에 남는다.

"가슴 한 켠 내어 준 그 자리에/ 산괴불주머니/ 노란 꽃 활짝 피웠다∥ 내어 준 자리가 환하다" 태풍에 가지를 잘린 느티나무, 자신의 희생을 되레 이타의 자비로 승화시키는 모습은 인간의 이기적 행태를 우회적으로 꼬집는 통쾌함도 느껴진다.

옛날 우리 할머니
호박씨 심을 때
한 구덩이에 세 개씩 심었지

―저것들도 묵고 살아야지야
― 〈호박씨 세 개〉 일부


나비 한 마리
의자에 앉아 있는 내 발등에
날개 접고 앉는다

나는 그대로 꽃이 되었다
― 〈나는 꽃이 되었다〉 전문

또 〈호박씨 세 개〉에서 보여 주는 단시의 묘미는

온고지신溫故知新의 지혜를, 〈나는 꽃이 되었다〉에서 대상의 시적 변용이 얼마나 신통한 힘을 발휘하는지 보여 주는 사례가 될 것이다.

이상으로 김성기 시인의 시가 지향하는 세계가 어떤 것인지 살펴보았다. 과묵하고 의지적인 태도는 시인의 삶의 궤적과도 무관하지 않아 보인다. 한편으로 따뜻한 이타의 정신과 휴먼은 그의 시의 바탕을 이루고 있다. 그의 본성에 연결된 인간애와 불이不二의 신념은 그의 시를 밝고 선한 쪽으로 이끌 것이다.

김성기 시인의 시의 장점은 직관과 사유(성찰)를 통해 시적 변용을 이끌어 내는 묘미를 터득하고 있다. 이를 통해 언어 미학이라는 성과에 한 걸음 더 다가서고 있는 것이다.

이번 시집 출간을 계기로 더욱 성숙해지는 계기가 되길 진심으로 바라 마지않는다. ✲

# 너에게로
## 가기
### 위하여

발행 I 2025년 4월 23일
지은이 I 김성기
펴낸이 I 김명덕
펴낸곳 I 한강출판사
홈페이지 I www.mhspace.co.kr
등록 I 1988년 1월 15일(제8-39호)
주소 I 서울특별시 종로구 삼일대로 457, 501호(경운동)
전화 02-735-4257, 734-4283  팩스 02-739-4285

값 12,000원

ISBN 978-89-5794-587-2 04810
　　　978-89-88440-00-1 (세트)

※저자와의 협약에 의해 인지는 생략합니다.
※이 책의 저작권은 저자와 본 출판사에 있습니다.